PIEDRAS Y HUESOS

**Una poderosa evidencia
contra la evolución**

PIEDRAS Y HUESOS

CARL WIELAND

Traducción del inglés:
Santiago Escuain

Una poderosa evidencia contra la evolución

Master Books

© 1994 Creation Science Foundation Ltd.
A.C.N. 010 120 304

ISBN 0891051-284-1

Publicado por
Answers in Genesis
P.O. Box 6302
Acacia Ridge D.C., Qld 4110
Australia

Fotos de cubierta:
Andrew A. Snelling, Steve Cardno, NASA

KEN HAM, *B.App. Sc., Dip. Ed. Autor y orador.*

«Dentro de su brevedad —aunque cubre una amplia gama de temas—, ésta la mejor visión de conjunto que conozco de los principales argumentos en favor de la creación y en contra de la evolución. Fácil de comprender por parte de prácticamente todos los lectores, es sin embargo suficientemente profunda para el graduado universitario. Será de gran utilidad para emplearlo como primera introducción para retar a los amigos y vecinos a considerar los verdaderos datos de una cuestión de una importancia tan vital y fundamental.»

El doctor Carl Wieland, M.B., B.S., es Gerente de la Creation Science Foundation, Ltd. (Fundación Creación y Ciencia), radicada en Brisbane, un ministerio evangélico no denominacional y sin fines de lucro, con organizaciones afiliadas en Gran Bretaña, Nueva Zelanda y Estados Unidos. Ha dado conferencias en muchos lugares y ha escrito extensamente acerca de la evidencia en pro de la creación bíblica, y en 1978 fundó la revista internacional *Creation* (entonces *Ex Nihilo*).

Se agradece en gran manera la ayuda del doctor Len Morris (fisiólogo) y del doctor Andrew Snelling (geólogo) por haber examinado el texto de este librito.

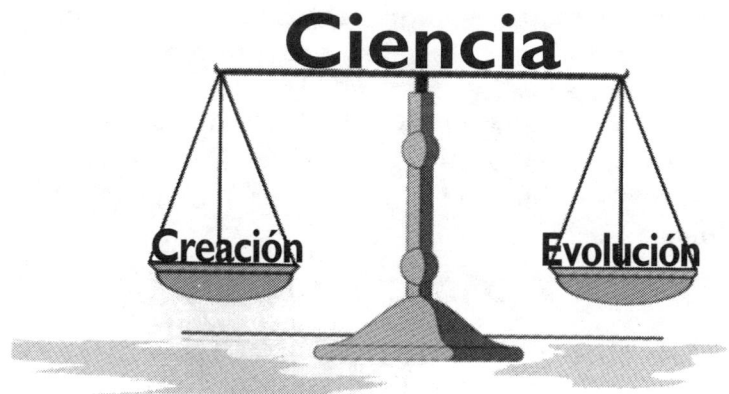

¿NO ES LA EVOLUCIÓN UNA CIENCIA Y LA CREACIÓN SIMPLEMENTE UNA CREENCIA RELIGIOSA?

Si esta idea tan común fuese cierta, ¿por qué tantos científicos altamente cualificados en la actualidad aceptan la creación directa de un mundo en funcionamiento (tal como se expresa en Génesis, el primer libro de las Escrituras Judeocristianas) y rechazan la evolución (la idea de una lenta autotransformación de todas las cosas a partir de un origen extremadamente simple)? De hecho, el moderno movimiento creacionista es una minoría en rápido crecimiento.

En los Estados Unidos solamente, las estimaciones más cautas son de que hay más de 10.000 científicos profesionales (la gran mayoría de los cuales no están oficialmente vinculados con organizaciones creacionistas) que creen en la creación bíblica. En 1993, en Corea del Sur, la Asociación Coreana de Investigación de la Creación, por ejemplo, tenía una membresía de más de 1.000 científicos, la mayoría de los cuales con un título al menos de licenciado o de doctor en algún campo científico, incluyendo a

100 catedráticos de universidad. La Sociedad Creacionista de Moscú fue constituida por 10 miembros hace poco tiempo. Un año después su membresía ascendía a 120 miembros con títulos científicos avanzados.

Históricamente, la mayoría de las disciplinas científicas fueron fundadas por grandes científicos (Newton, Pasteur, Faraday, para nombrar sólo a unos pocos) que eran totalmente creacionistas.

¿PERO LA CIENCIA . . . ?

La verdadera ciencia depende de medir u observar algo que está sucediendo, y de contrastarlo repitiendo las mediciones y observaciones una y otra vez. Por ejemplo, incluso si *de verdad* los reptiles *se hubiesen* transformado en aves hace millones de años, como pretenden los evolucionistas, el método científico nunca podría demostrar esto como un *hecho*, porque no se ha observado el suceso. Si uno *pudiese* de alguna manera transformar hoy un reptil en un ave, ni con eso se demostraría que sucedió así hace millones de años. Igualmente, no se puede insistir pidiendo que Dios repita la milagrosa creación de muchos grupos de aves y reptiles, programados para reproducirse según su naturaleza, sólo para poderlo ver.

Ambas ideas se sostienen *por fe*; cada sistema de creencia (evolución o creación) ofrece argumentos y evidencias para sustentar su fe respectiva. Los creacionistas mantienen que el suyo es un sistema de creencia *razonable y lógico,* sustentado por el peso de la evidencia que se puede observar en el *presente*.

¿CREEN LOS CREACIONISTAS QUE TIENEN TODAS LAS RESPUESTAS?

No. En el modelo creacionista hay problemas sin resolver y preguntas sin respuesta. Lo mismo sucede con el evolucionismo. Cada año se gastan miles de millones de dólares de los presupuestos públicos tratando de resolver cuestiones relacionadas con la evolución; en comparación, es muy poco lo que se puede gastar en verdadera investigación creacionista.

Sin embargo, algunos de los problemas aparentemente difíciles han sido resueltos por los creacionistas mediante sus investigaciones en los últimos años. (En el proceso, algunas ideas y sugerencias que los creacionistas habían presentado como intento de respuesta a dichos problemas han tenido que ser revisadas o abandonadas, lo que es cosa normal en la ciencia.)

Por evolución, nos referimos a la creencia no demostrable (esto es, religiosa) de que todas las cosas se han hecho por sí mismas por medio de sus propiedades naturales intrínsecas sin ninguna intervención sobrenatural. El caos, por sí mismo, ha venido a ser el cosmos; las partículas han dado origen a los planetas, a las palmeras, a los pelícanos y a las personas, sin ayuda alguna aparte de las propiedades de la materia y de la energía. Las teorías de *cómo* esto pueda haber sucedido (o sea, los mecanismos de la evolución) pueden surgir y desaparecer, pero la creencia subyacente de que *de alguna manera* sucedió es un artículo de fe inmutable de muchas personas en la actualidad.

Algunas personas intentan involucrar a algún «dios» en este proceso, pero, en su mayoría, los teorizadores evolucionistas rechazan enérgicamente toda sugerencia de dirección inteligente. Incluso muchos científicos académicos «evolucionistas teístas» (que afirman creer a la vez en la evolución y en un dios) insisten en que el proceso fue íntegramente natural. Este «proceso de creación» por evolución tuvo lugar, se supone, a lo largo de miles de millones de años, tiempo en el que incontables seres vivientes se debatieron, sufrieron y murieron, siendo en muchos casos los débiles implacablemente exterminados por los más fuertes.

¿QUÉ IMPORTANCIA TIENE?

I. El evolucionismo justifica el ateísmo

Todo aquel que insiste en que no hay Dios se apoya en el evolucionismo para explicar la naturaleza sin un Diseñador. El evolucionismo es el fundamento imprescindible para muchas perspectivas religiosas del mundo y de la vida, como el ateísmo, el agnosticismo y su asociado el humanismo secular, con su lema: «Si nadie nos hizo, nadie nos posee, de modo que nadie pone las reglas más que nosotros.» No hay, por ejemplo, razón lógica alguna para quedar ligados por los principios expresados en los Diez Mandamientos si otras partes del Antiguo Testamento son rechazadas como «mitos culturales».

2. El evolucionismo es contrario al Cristianismo

A lo largo de toda la Biblia (que los cristianos mantienen que es la sagrada revelación del Creador mismo) aparece el tema de que el Dios que se revela de manera coherente en ella hizo un mundo *bueno* (sin muerte, sin lucha, sin violencia, sin crueldad y sin derramamiento de sangre). Este universo en su totalidad ha quedado bajo la *maldición* de Dios (Génesis 3, Romanos 8) como consecuencia de la rebelión (pecado) del primer hombre, Adán, contra su Hacedor.

Sin embargo, la entrada de la muerte y del sufrimiento, etc., es sólo una intrusión temporal, por cuanto este mundo será *restaurado* (Hechos 3:21). No de vuelta a miles de millones de años de muerte, crueldad y derramamiento de sangre, sino a un estado de ausencia de pecado y de muerte, porque así es como comenzó. Jesucristo, el Creador hecho carne (el «postrer Adán»), derramó Su sangre inocente muriendo para redimir/restaurar no sólo a aquellos de la humanidad pecadora que crean, sino en último término para liberar al universo mismo de esta maldición de muerte y derramamiento de sangre que fue introducida por el primer Adán.

CREACIÓN

La Humanidad

DESOBEDICIÓ AL CREADOR

MUERTE (+crueldad, sufrimiento, derramamiento de sangre)

EVOLUCIÓN

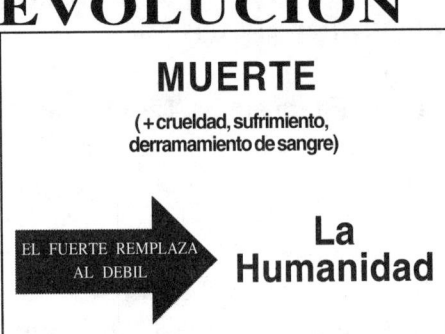

MUERTE

(+crueldad, sufrimiento, derramamiento de sangre)

EL FUERTE REMPLAZA AL DEBIL

La Humanidad

Si la historia evolucionista fuese cierta, se perdería todo el peso del mensaje de este Evangelio («Buenas Noticias»), porque los predecesores de Adán habrían estado matándose entre sí a garrotazos o a arañazos en un mundo de lucha y sangre. También significaría que la idea de una Caída real de Adán en el tiempo y en el espacio sería un mito, y un mito también la maldición que la misma conlleva sobre la creación.

La verdad de las *buenas noticias* acerca de Jesucristo (que las personas pueden ser eternamente restauradas a la comunión con su Creador) depende totalmente de la verdad de las *malas noticias* acerca de cómo se rebeló nuestro antecesor Adán, quebrando la armonía original entre Dios y el hombre (1 Corintios 15:21–22 relaciona el Evangelio de manera inexorable con la introducción de la muerte por parte de Adán: «Porque por cuanto la muerte entró por un hombre, también por un hombre la resurrección de los muertos. Porque así como en Adán todos mueren, también en Cristo todos serán vivificados.») Globalmente hablando, dudar acerca de Génesis ha llevado a más y más personas a dudar del resto de la Biblia.

PERO, ¿CÓMO SABEMOS QUE GÉNESIS FUE ESCRITO PARA DECIRNOS QUE LAS COSAS FUERON REALMENTE HECHAS EN SEIS DÍAS? ¿NO PODRÍA HABER ALGÚN OTRO SIGNIFICADO?

Si queremos ser sinceros, ya no es posible sugerir que quizá Génesis *fue dado* como algo diferente a una historia real y verdadera. Según uno de los principales eruditos de Hebreo del mundo,* todos los profesores universitarios de lengua Hebrea más destacados del mundo que él conoce son unánimes en el sentido de que Génesis 1–11 fue escrito para hablarnos de una creación real y reciente de todas las cosas en seis días ordinarios, y de un diluvio cataclísmico que cubrió todo el globo.

Esto no significa que esos profesores necesariamente lo *crean*, sino sólo que el lenguaje de Génesis nos dice que el

---

* James Barr, Profesor Regio de Hebreo en Oxford, que no cree en la verdad literal de Génesis.

escritor no pudo haber tenido otra intención. Evidentemente significa lo que dice, que es lo que siempre ha sido evidente para cualquier niño de diez años.

Seamos francos: toda otra idea acerca del significado de Génesis casi jamás surge de la Biblia, sino del intento de hacer ajustar la Biblia con *otras creencias* (como la idea de largas eras geológicas).

¡ESPERA UN MINUTO!

«Si no hubo muerte ni derramamiento de sangre antes de Adán –podrías responder–, ¿qué hay de las capas rocosas sedimentarias depositadas por agua alrededor del mundo, y que contienen los restos sepultados de miles de millones de seres *muertos?*»

¿No es precisamente lo que deberíamos *esperar* si la Biblia dice la verdad acerca de la destrucción de toda la tierra por agua, por el Diluvio Universal? Los fósiles muestran precisamente señales de sepultamiento rápido, no de procesos lentos y graduales, a diferencia de lo que creen la mayoría. Por ejemplo, hay incontables millones de peces fósiles bien preservados, que incluso muestran las escamas, aletas y cuencas oculares. En la naturaleza, un pez muerto es rápidamente atacado por carroñeros y se descompone con rapidez. A no ser que el pez fuese sepultado rápidamente y que los sedimentos (p.e., lodo, arena) se hubiesen endurecido con bastante rapidez, estos rasgos no habrían quedado preservados.

Foto: Staatiches Museum für Naturkunde, Stuttgart.

Hembra de ictiosaurio (un reptil marino extinto) atrapada en el momento de dar a luz. Unos rasgos tan bien preservados no podrían haber provenido de madre e hijo yaciendo en el suelo oceánico durante incontables eras de lentos procesos.

Izquierda: *Este pez fue sepultado tan rápidamente que ni siquiera pudo acabar su almuerzo.*

Derecha: *Si las capas a través de las que penetran estos troncos fosilizados de árboles precisaron de largas eras para formarse una encima de la otra, ¿por qué no se pudrió la parte superior del tronco? Esta especie de fósil (poliestrático) se encuentra comúnmente en asociación con vetas carboníferas.* Foto: Steve Minkin

Izquierda: *Las medusas muertas se desvanecen literalmente en pocos días. La formación de arenisca cerca de Ediacara en el sur de Australia, donde se encuentran millones de esos fósiles de cuerpos blandos, se extiende por millares de kilómetros cuadrados. Toda esta capa tuvo que formarse en uno o dos días, con arena transportada por agua sepultando estas criaturas y endureciéndose rápidamente.*

PERO, ¿NO SE FORMÓ ELCARBÓN EN PANTANOS A LO LARGODE MILLONES DE AÑOS?

La evidencia señala de manera abrumadora a una formación *rápida* del carbón, con el desarraigo y deposición de inmensos bosques, que luego fueron rápidamente sepultados. En Yallourn, en Victoria (Australia), hay enormes capas de carbón marrón que contienen grandes cantidades de troncos de pino, de tipos que en la actualidad no crecen en pantanos.

Unas capas gruesas y clasificadas de hasta un 50% de polen puro a lo largo de inmensas áreas exhiben de manera inequívoca que estas capas de carbón marrón fueron transportadas por agua. Además, muchos depósitos de carbón del Hemisferio del Sur no dan traza alguna de nada que pudiera considerarse como un «suelo» fósil en el que hubiesen podido crecer los bosques.*

Los investigadores en el Argonne National Laboratory (EE.UU.) han ensayado fragmentos ordinarios de madera, mezclándolos con lodos y agua acidulada, calentándolos durante un periódo de 28 dias a sólo 150 grados centígrados sin ninguna presión adicional en un tubo de cuarzo sellado herméticamente y sin aire, obteniendo carbón negro de grado alto. ¡No se precisa de millones de años! Se conocen vetas de carbón que se bifurcan (véase diagramas), y otras que se interconectan en una formación en «Z».

En su artículo de 1907, el famoso geólogo Australiano Sir Edgeworth David describió troncos carbonificados de árboles en

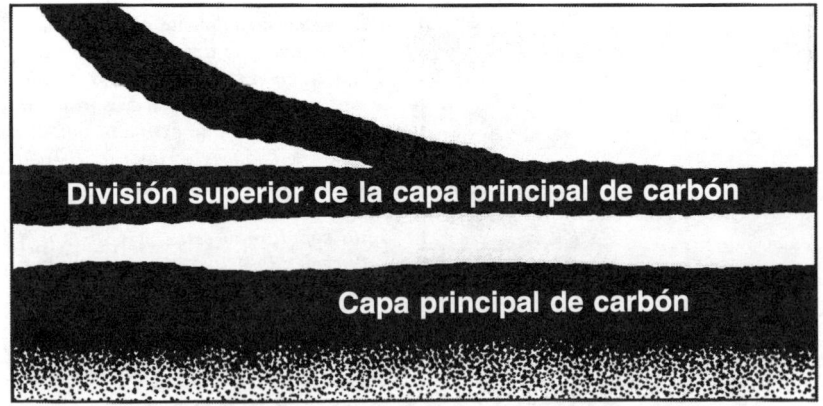

Bifurcación en veta de carbón (dibujada en base de la fotografía [Fig. 8] en Cross, A.T., The Geology of the Pittsburgh Coal, en págs. 32–111 de la Segunda Conferencia sobre el Origen y la Constitución del Carbón, Crystal Cliffs, Nova Scotia, 1952).

* Los llamados «suelos radiculares» de los yacimientos de carbón del Hemisferio del Norte dan evidencias abrumadoras de que las «raíces» *estigmaria* estuvieron realmente flotando en agua, no creciendo en aquel suelo.

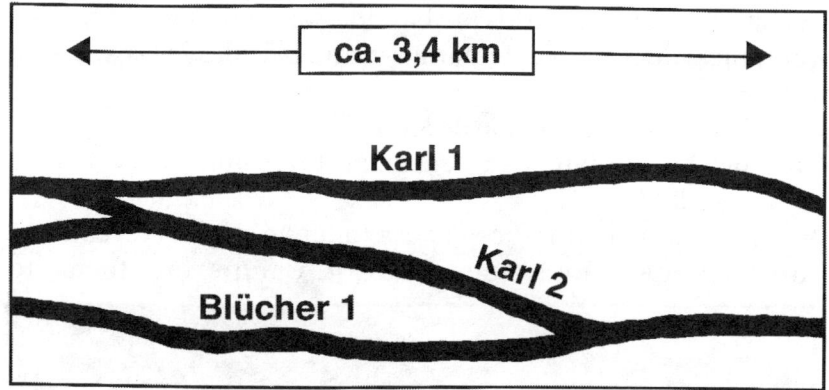

Diagrama de una veta de carbón con conexiones en forma de «Z» en Alemania (Raum Oberhausen-Duisburg) según Bachmann 1966 (Cortesía del doctor Joachim Scheven). ¿Cómo podrían esas capas representar pantanos separados por millones de años?

posición vertical (como el fósil poliestrático que aparece en la página 9) entre vetas de carbón negro de Newcastle (Australia). Estos troncos tenían sus extremos inferiores incrustados en una veta de carbón, y luego iban ascendiendo por los estratos intermedios ¡terminando dentro de la veta de carbón superior!

¿Cómo podríamos tratar de explicar nada de esto por medio de lentos procesos de crecimiento en dos pantanos separados por inmensos períodos de tiempo? Es evidente que el prejuicio de «los lentos procesos graduales» ha impedido contemplar la explicación evidente del origen del carbón: un sepultamiento rápido de vegetación desarraigada cataclísmicamente por un masivo cataclismo acuoso.

El agua en movimiento, especialmente si hay mucha, puede llevar a cabo rápidamente una enorme cantidad de trabajo geológico que la mayoría de la gente cree que precisaría de millones de años. La fotografía de la derecha en la página 16 muestra más de siete metros (25 pies) de roca sedimentaria estratificada ¡formada en una tarde! Esto tuvo lugar en asociación con la convulsión causada por la erupción de 1980 del Monte St. Helens en el Estado de Washington, en los EE.UU. Cuando voló la cumbre de esta montaña (y después de posteriores erupciones), hubo corrimientos de tierra, corrientes de lodos y otros fenómenos sedimentarios; se han formado más de 180 metros (600 pies) de roca sedimentaria estratificada desde la explosión inicial.

En un solo día un flujo de lodo labró un cañón de 30 metros (100 pies) de profundidad y algo más de anchura (véase foto de la izquierda).*

Algunos expertos dicen ahora (aunque siguen creyendo en millones de años) que el Gran Cañón fue formado

Fotos: Steve Austin

cataclísmicamente de una manera similar (cuando un enorme lago se salió de madre, en lugar de ser el resultado de una lenta acción erosiva del Río Colorado a lo largo de millones de años.

LOS FÓSILES, ¿MUESTRAN EVOLUCIÓN?

Darwin dijo, con toda razón, que si su teoría era cierta, deberían existir grandes números de «tipos intermedios» que se encontrarían como fósiles. Por ejemplo, si la extremidad anterior de un reptil se ha transformado en el ala de un ave, ¿por qué no encontramos una serie de fósiles que exhiban estas etapas: en parte extremidad anterior, en parte ala; o en parte escama, en parte pluma?

Darwin dijo que la ausencia de esas formas intermedias era la «más evidente y grave objeción» contra su teoría. Ciento veinte

---

* Véase el video sobre el Monte St. Helens en Materiales Recomendados.

años después, el doctor David Raup, director de uno de los grandes museos en América, decía que la situación acerca de los eslabones perdidos «no ha cambiado mucho», y que «tenemos aún menos ejemplos de transición evolutiva que en los tiempos de Darwin».*

El doctor Colin Patterson es el Paleontólogo Decano en el Museo Británico de Historia Natural. Es evolucionista y un experto en fósiles. Escribió un significativo libro sobre la evolución, pero cuando alguien le preguntó por qué en su libro no aparecía ninguna ilustración de formas intermedias (de transición), escribió lo siguiente:**

Estoy totalmente de acuerdo con sus comentarios acerca de la ausencia de ilustración directa de transiciones evolutivas en mi libro. Si yo supiera de alguno, fosil o viviente desde lúego que lo hubiera incluido. Me sugiere usted que se le debiera haber pedido a un artista que visualizase tales transformaciones, pero, ¿de dónde sacaría él esta información? Honradamente, yo no la podría dar, y si se hubiese de dejar a la licencia artística, ¿no se engañaría con esto al lector?

Mi libro lo escribí hace cuatro años [en este libro se refiere a su creencia en algunas transiciones — Nota del Autor]. *Si fuese a escribirlo ahora, creo que sería bastante diferente. El gradualismo es un concepto en el que creo, no sólo debido a la autoridad de Darwin, sino porque mi comprensión de la genética parece exigirlo. Sin embargo, es difícil refutar a* [un famoso experto en fósiles, Stephen J.] *Gould y a la gente del Museo Americano cuando dicen que no hay fósiles de transición. Como paleontólogo que soy, me ocupo mucho de los problemas filosóficos de identificar formas ancestrales en el registro fósil. Usted me dice que al*

---

* Todas las citas en este librito, excepto mención expresa, se encuentran totalmente referenciadas en *The Revised Quote Book*. Véase Materiales Recomendados.

** Patterson ha sido atacado por compañeros evolucionistas por haber hecho esta y otras sinceras admisiones, y ha intentado suavizar estas observaciones con posterioridad. Sin embargo, su lenguaje es claro e inequívoco.

menos deberíamos «mostrar una foto del fósil del que se derivó cada tipo de organismo». Lo voy a decir muy claramente: No existe ningún fósil así para el que se pudiera dar un argumento fundamentado.

Así, ¿qué es lo que tenemos? El evolucionismo espera millones de formas intermedias. Algunos evolucionistas afirman que hay algunos, quizá un puñado, de tales tipos fósiles intermedios. Otros expertos destacados dicen que no hay ninguno.

Lo que no se suele saber es que la extraña criatura fósil conocida como *Archaeopteryx*, que se emplea a menudo como ejemplo de forma de transición entre reptiles y aves (porque comparte rasgos que se encuentran en ambas clases) no exhibe ninguna de las cruciales estructuras de transición que la establecerían más allá de toda duda razonable como tal: las plumas están todas plenamente formadas y las alas son alas funcionales. Tiene una garra proyectada hacia atrás y pies curvados característicos de aves que se posan sobre ramas. Desde luego no era, a pesar de como algunos querrían reconstruirlo, un emplumado dinosaurio corredor.

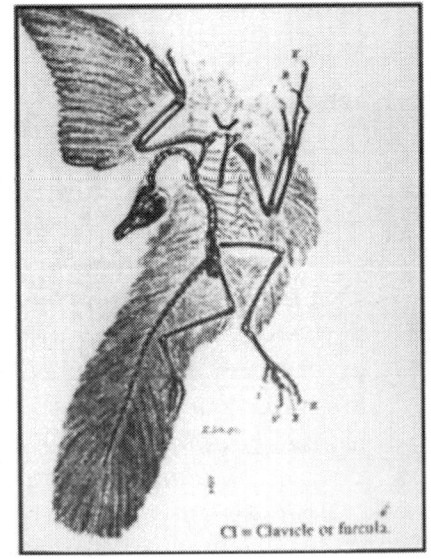

Algunos seres vivientes (p.e., el ornitorrinco) son un mosaico de rasgos que normalmente se encuentran en diferentes clases. Esta extraña criatura, que tiene pelo como los mamíferos, un pico como un pato, una cola como la de un castor, glándulas venenosas como las de una serpiente y que pone huevos como un reptil, pero que da de mamar a sus pequeños, es un buen ejemplo de mosaico. Pero no es una «transición» entre ninguno de los seres mencionados.

Esta ausencia general de formas intermedias se aplica también a la llamada «evolución humana». Esto puede resultar sorprendente cuando se considera cuántos pretendidos «antecesores» hacen desfilar ante nosotros. Es difícil seguir tantas diversas y cambiantes afirmaciones, pero el siglo transcurrido ha mostrado que cada «antecesor» que ha sido estridentemente proclamado ha sido luego calladamente descartado, pero sólo cuando se ha podido encontrar algún nuevo o nuevos candidatos para tomar su puesto. En la actualidad se hace mucha propaganda de los australopitecinos/habilinos, un amplio grupo del que el famoso fósil *Lucy* es el mejor conocido.

El doctor Charles Oxnard es uno de entre un creciente grupo de anatomistas evolucionistas que, después de haber analizado minuciosamente una gran cantidad de mediciones mediante un análisis multivariado por ordenador (un método objetivo que no depende de creencias preconcebidas en linajes), no creen que estos seres sean antepasados de los hombres.

Dice Oxnard que aunque inicialmente se creía que eran humanoides o al menos intermedios entre los simios y los humanos, en realidad «difieren más tanto de los humanos como de los simios africanos que estos dos grupos vivientes entre sí. Los australopitecinos son algo singular». Indica él que la posición no ancestral de estos seres es sustentada por un creciente número de investigadores «independientes de los vinculados a aquellos que han descubierto los fósiles».

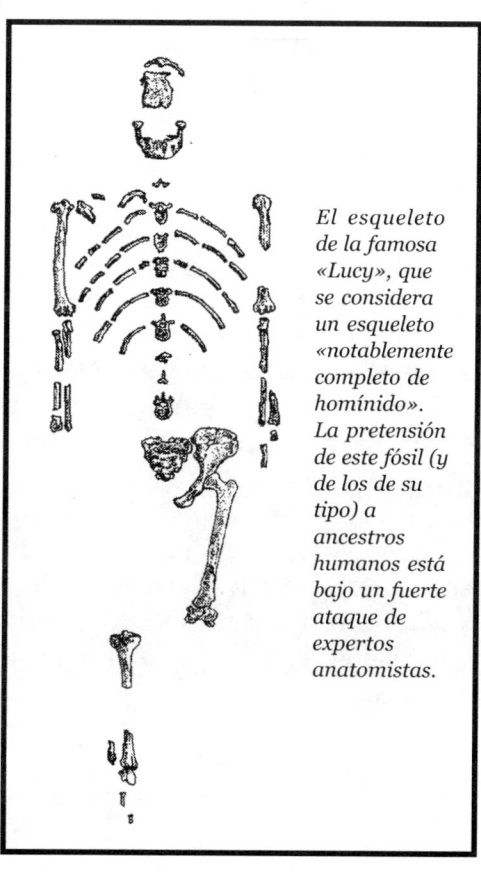

El esqueleto de la famosa «Lucy», que se considera un esqueleto «notablemente completo de homínido». La pretensión de este fósil (y de los de su tipo) a ancestros humanos está bajo un fuerte ataque de expertos anatomistas.

¿Qué hay del llamado *Homo erectus*? Los tipos esqueletales bien definidos de *Homo erectus* fueron con la mayor probabilidad verdaderos seres humanos* que vivieron después del Diluvio y que expresan variación ósea racial.

Es posible una enorme variación entre los huesos de diferentes tipos de perros, como los Chihuahuas y el Gran Danés. Esta variación puede acumularse selectivamente en pocas generaciones. La «presión selectiva» debida al medio en acelerado cambio después del Diluvio, y la fragmentación de la población humana (tras la dispersión forzada por Dios después de Babel) en poblaciones pequeñas y aisladas, dieron condiciones ideales para el rápido aislamiento y potenciación de diferencias genéticas (preexistentes, creadas). Esta variación racial habría también incluido rasgos óseos.

En comparación con la muy amplia variación en otros rasgos de la raza humana, las diferencias esqueletales entre *erectus* y otros esqueletos humanos no son, a fin de cuentas, cosa tan extrema. Cosa interesante, en Europa se conoce ahora que no sólo los tipos *erectus,* sino que también los Neandertal y Cro-Magnon (ambos con mayores capacidades craneanas, por término medio, que las poblaciones actuales) convivieron coetáneamente con tipos «modernos».

Unas herramientas recientemente halladas en Indonesia en asociación con un estegodonte han llevado al evolucionista doctor Allan Thorne a sugerir que esos pretendidos «antecesores prehumanos» poseían conocimientos de navegación y de tecnología. Se le cita en *The Australian* el 19 de agosto de 1993 diciendo de ellos que «No son [es decir, no se les debería designar] *Homo erectus,* son personas.»

Si se emplea la propia escala de tiempo de los evolucionistas y sus criterios para la clasificación, y se superponen *todos* los descubrimientos de fósiles «homínidos» sobre una gráfica, se podrá ver enseguida que la idea de una secuencia evolutiva está en bancarrota.

---

* No todo lo que ha sido etiquetado como *Homo erectus* (en ocasiones unos pocos fragmentos de hueso) merece necesariamente tal designación. Sus esqueletos han sido hallados coetáneos con los de «tipos modernos», y algunos de los rasgos óseos del *erectus* se pueden encontrar entre poblaciones vivas.

¿VEMOS LA EVOLUCIÓN EN MARCHA?

En resumen, no, aunque los seres vivientes sí cambian. Expliquemos eso. Sabemos ahora que cada ser vivo contiene un programa (un conjunto de instrucciones, como una pauta o receta) que especifica, por ejemplo, si será un cocodrilo o un naranjo. Para un ser humano, especifica si aquella persona tendrá ojos marrones o azules, cabello lacio o rizado, etcétera. Esta INFORMACIÓN está escrita en una larga molécula llamada ADN.*

La evolución enseña que un ser relativamente simple, como la unicelular ameba, ha ido volviéndose mucho más complicado, como un caballo. Aunque los seres unicelulares más simples conocidos presentan una complejidad abrumadora para nuestra

¿Cabello lacio o rizado? La información está escrita en tu ADN.

---

* El ADN, como tal ADN, carece biológicamente de significado, del mismo modo que una secuencia de letras no da información. Es sólo cuando las «letras» químicas que componen el ADN son alineadas en una secuencia u orden específico que comunican la INFORMACIÓN que, cuando es «leída» por una compleja maquinaria celular, controla la construcción y la operación del organismo. Esta secuencia *no* surge de las propiedades «internas» de las sustancias que componen el ADN, de la misma manera que las moléculas de tinta y papel (o las letras del juego Scrabble®) no adquieren espontáneamente la secuencia de un mensaje determinado. La secuencia específica de cualquier molécula de ADN en particular aparece sólo porque es constituida bajo la dirección «externa» de las instrucciones transmitidas por el ADN de los progenitores.

capacidad mental, es evidente que no contienen tanta información como, digamos, un caballo. No tienen instrucciones específicas acerca de cómo producir ojos, oídos, sangre, cerebros, pezuñas, músculos. . . . De modo que para ir de A á B en el diagrama se precisaría de muchos pasos, y cada uno precisaría de un AUMENTO DE INFORMACIÓN, de una información codificando nuevas estructuras, nuevas funciones, una complejidad útil.

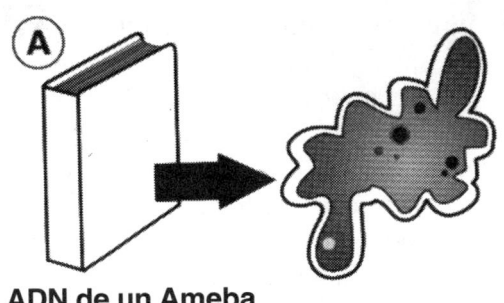

ADN de un Ameba

Nueva información útil (genes)

ADN de un caballo

La verdadera evolución demanda enormes aumentos en la información del ADN (simbolizada aquí como libros).

Si observásemos que tienen lugar estos cambios con aumento de información, aunque sólo fuesen unos pocos, estas observaciones se podrían emplear para ayudar a sustentar el argumento de que los peces pueden realmente cambiar hasta llegar a ser filósofos, si se da el tiempo suficiente al proceso. No obstante, la realidad es que los muchos pequeños cambios que vemos no involucran un aumento de información: van en la dirección equivo- cada para poder ser empleados en apoyo de la evolución, como veremos.

SELECCIÓN NATURAL Y EVOLUCIÓN NO SON LO MISMO

Los seres vivos están programados para transmitir esta información, para, en cierto sentido, hacer copias de sí mismos. El ADN del hombre se copia y transmite por vía de las células del esperma, y el de la mujer por vía de sus óvulos. De esta manera se copia la información de una madre y de un padre y se transmite a la siguiente generación. Cada uno de nosotros es portador dentro de nuestras células de dos largas «cuerdas» paralelas de información — una de Mamá, otra de Papá* (pensemos en ello como un cordón con nudos que lleve un código Morse: de la misma manera, el ADN ha de ser «leído» por la compleja maquinaria de la célula).

La razón de que hermanos y hermanas no se parezcan del todo es que la información se combina de diferentes maneras. Este intercambio o recombinación de la información tiene como resultado mucha variación en cualquier población, tanto si es de seres humanos como si es de plantas o animales.

Consideremos una habitación llena de perros que desciendan de un par. Algunos serán más bajos, por ejemplo, otros más altos. Pero este proceso normal de variación NO

involucra ninguna nueva información: esa información estaba ya allí para empezar. De modo que si un criador *selecciona* a aquellos que ya son más bajos y luego los hace reproducir entre sí,

---

* En los seres humanos, esas «cuerdas» se dividen en 23 fragmentos llamados cromosomas, pero este aspecto no tiene importancia en lo que estamos tratando aquí.

escoge luego a los más bajos de entre su descendencia, y va actuando así, no es para sorprenderse que al cabo de un tiempo surja un «nuevo» tipo de perro: una raza baja. Pero no se involucra ninguna nueva información. Sencillamente, ha seleccionado el perro que quiere (permite que transmitan sus genes aquellos que desde su punto de vista son más «aptos»), y rechaza al resto.

De hecho, si comienza con la raza baja (en lugar de con el tipo que era mezcla de los tipos altos y bajos), ninguna crianza y selección que se haga permitirá producir una variedad alta, porque alguna de la información para «altos» se habrá perdido en aquella población.

La «naturaleza» puede también «escoger» a unos y rechazar a otros. En un medio determinado, algunos tendrán más posibilidad de sobrevivir que otros y por ello de transmitir la información de que son portadores. La selección natural puede *favorecer* alguna información por encima de la de otros, pero no puede *crear* nueva información.

En la teoría evolucionista, el papel de crear nueva información se atribuye a las mutaciones: a errores al azar, accidentales, que suceden en el proceso de la copia de esa información. Sabemos que estos errores tienen lugar, y que se heredan (porque la siguiente generación está haciendo una copia de una copia defectuosa). De modo que el defecto es transmitido, y en algún lugar en la línea tiene lugar otro error, y así tienden a acumularse los defectos mutacionales. Eso se conoce como el problema de la carga mutacional en aumento o carga genética.

Hay miles de estos defectos genéticos que se conocen en los humanos, conocidos por las enfermedades hereditarias que acarrean. Entre esas enfermedades están la anemia falciforme, la fibrosis cística, la talasemia, la fenilcetonuria . . . no es sorprendente ver que un cambio accidental en un código enormemente complejo* cause enfermedades y disfunciones.

---

* De pasada, generalmente esos errores no son eliminados del todo por la selección natural, porque la mayoría sólo aparecen como problemas si son heredados simultáneamente de ambos progenitores. Así, uno puede ser *portador* de esos defectos sin padecerlos. De hecho, cada uno de nosotros es portador de muchos de esos errores en nuestro ADN.

¿MUTACIONES BENEFICIOSAS?

Los evolucionistas saben que las mutaciones son, de manera abrumadora, o bien dañinas o bien «ruido» genético carente de significado. Sin embargo, su sistema de creencia exige que haya habido mutaciones ocasionales «hacia arriba». De hecho, hay una diminuta cantidad de mutaciones conocidas que hacen más fácil para un organismo sobrevivir en un medio determinado.

Los peces sin ojos en cavernas pueden sobrevivir mejor debido a que no son susceptibles a enfermedades oculares o daños en los ojos; los escarabajos sin alas prosperan mejor en una roca ventosa en medio del mar porque son menos susceptibles a ser arrastrados fuera de la roca y ahogados. Pero la PÉRDIDA de ojos y la PÉRDIDA o desnaturalización de la información necesaria para producir alas, se mire como se mire, es un defecto — el deterioro de una pieza del sistema que antes era funcional.*

Esos cambios, aunque sean «beneficiosos» en el sentido de la pura supervivencia, no demuestran lo que pretenden: ¿dónde vemos algún ejemplo de un verdadero aumento ascendente de información, de una nueva codificación para nuevas funciones, de nuevos programas para maquinaria, de nuevas estructuras útiles? De nada vale recurrir a la resistencia a los insecticidas en los insectos: en prácticamente todos los casos** la información para la resistencia existía en unos pocos individuos de la población antes que los hombres comenzasen a aplicar los insecticidas.

---

* Éste es también el caso de la anemia falciforme, un ejemplo primordial que emplean los evolucionistas como ejemplo de «mutación benéfica». Aunque los portadores son menos susceptibles a la malaria, han heredado un gene dañado que ya no puede producir nada más que una forma mutilada de hemoglobina. Si se hereda de *ambos* padres, produce una enfermedad mortal.

** Véase el artículo de Francisco Ayala, «Los Mecanismos de la Evolución», *Investigación y Ciencia,* No. 26, septiembre de 1978, págs. 18–33.

Por ejemplo, cuando los mosquitos no resistentes en una población son exterminados mediante DDT y la población vuelve a reproducirse en base de los sobrevivientes, alguna de la información portada por la mayoría (ahora muerta) no está presente en la minoría superviviente, de modo que se pierde para siempre para la población.*

Cuando contemplamos los cambios heredados que tienen lugar realmente en los seres vivientes, vemos que la información o bien permanece constante (recombinándose de maneras diferentes), o bien se corrompe o pierde (mutación, extinción), pero nunca vemos nada que pueda considerarse como un cambio evolutivo real, en un sentido «ascendente» respecto a la información.

PIÉNSALO BIEN

¿No es esto exactamente lo que sería de esperar? La teoría de información y el sentido común se unen para decirnos que cuando se transmite información (y eso es lo que significa la reproducción), o bien se mantiene constante, o disminuye. Y se añade «ruido» carente de significado.** Tanto en seres vivientes como en las cosas no vivientes, nunca se observa el surgimiento de una verdadera información por sí misma.

Por ello, cuando uno considera los tipos biológicos del mundo —todos sus organismos vivientes — como un todo, la cantidad total de información está disminuyendo con el tiempo, y está siendo copiada vez tras vez. Así, si se mira atrás en el tiempo, esta información ha de aumentar precisamente al ir atrás. Por cuanto nadie sugiere que se puede llevar este proceso atrás de manera

---

* Eso es cierto en muchos casos de resistencia bacteriana a los antibióticos. La codificación de la información para la resistencia puede proceder de otras bacterias, incluso de otras especies. En unos pocos casos, la mutación puede potenciar la resistencia. Por ejemplo, un mecanismo menos eficiente de transferencia de la membrana significa que ciertos tipos de antibióticos no son tan bien absorbidos en la bacteria. Se demuestra que esos mutantes son globalmente inferiores por el hecho de que cuando se elimina la presión selectiva del antibiótico, vuelve rápidamente a predominar el tipo «sensible» en la población bacteriana. Hay al menos un ejemplo de una situación similar en el caso de la resistencia a los insecticidas causada por mutación.

** Los ejemplos son la copia de una cinta de audio a otra repetidas veces, o la copia de generación tras generación de un programa de ordenador en un disco flexible. En el mejor de los casos, la información permanece constante. En último término, se manifestará la tendencia a la degradación. Se puede demostrar matemáticamente que ésta es una consecuencia más de la Segunda Ley de la Termodinámica.

indefinida (no había organismos infinitamente complejos viviendo hace un tiempo infinito), esto señala a un tiempo en el que esta compleja organización tuvo que tener su principio.

Por lo que respecta a la verdadera ciencia basada en observaciones, la materia dejada a sí misma no da origen a tal información, por lo que la única alternativa es que en algún punto una mente creadora externa al sistema impuso inteligencia sobre la materia (como lo hace cualquiera cuando escribe una frase sobre papel) y programó todas las clases originales de plantas y animales. Esta programación de los antepasados de los organismos actuales tiene que haber sido llevada a cabo milagrosamente, sobrenaturalmente, por cuanto la ley natural no da origen a información.

Esto es totalmente coherente con la declaración de Génesis de que Dios creó organismos para que se reprodujesen «según su naturaleza». Por ejemplo, un hipotético «tipo canino» creado con un gran potencial de variación (y sin defectos originales) podría haber variado sencillamente por recombinaciones de la información original para dar origen al lobo, al coyote, al dingo, y demás.

La selección natural puede «recoger y clasificar» esa información (pero no crear información adicional), como vimos

en nuestro ejemplo con los mosquitos. Las diferencias entre la descendencia resultante, sin la adición de ninguna nueva información (y por ello sin evolución), puede ser lo suficientemente grande como para justificar su designación como una especie dife-rente.

La manera en que se puede estrechar una población mixta de perros me-diante la selección artificial, distribuyéndola en subtipos (razas domésticas), nos ayuda a com-prender esto. Cada subtipo es portador de sólo una fracción del «fondo» original de información. Por eso, si comenzamos sólo con Chihuahuas no podremos jamás llegar a conseguir nada como un Gran Danés. Sencillamente, la información necesaria no existe ya en esta rama de la población.

De la misma manera, el «tipo elefante» original puede haber quedado «subdividido» (por la selección natural actuando sobre la información creada que poseía) para dar lugar al elefante Africano, al Indio, al mamut y al mastodonte (estos dos últimos extintos en la actualidad).

Pero debería ser evidente que esta clase de cambio sólo tiene lugar dentro de los límites de la i n f o r m a c i o n original de aquel tipo; este tipo de v a r i a c i ó n / especiación no ofrece ningún camino para f i n a l m e n t e transformar una ameba en un naranjo, por cuanto desde el aspecto de la información no permite ir en s e n t i d o «ascendente»: no se añade nada. Este «estrechamiento» del fondo genético puede ser *llamado* «evolución» por algunos, pero no tiene nada que ver con el tipo de

cambio (adicionador de información) que generalmente se quiere significar cuando se emplea el término «evolución».*

¿QUÉ HAY DE LAS SEMEJANZAS ENTRE LOS SERES VIVOS?

Uno esperaría un diseño similar para una estructura o propósito similar de parte del mismo Diseñador. Lo mismo sucede con las semejanzas moleculares — un chimpancé es más parecido a nosotros que una rana, por ejemplo, de modo que sería de esperar que esto quedase reflejado en su constitución interna, como en la estructura de sus proteínas.**

Las semejanzas, como las que aparecen aquí en el diagrama de las pautas de los huesos de la extremidad anterior (eso recibe el nombre de «homología»), se pueden explicar de dos maneras: o bien tuvieron todos ellos el mismo antepasado O BIEN el mismo diseñador. De modo que la existencia de tales pautas difícilmente se puede presentar como prueba de ninguna de *ambas* explicaciones.

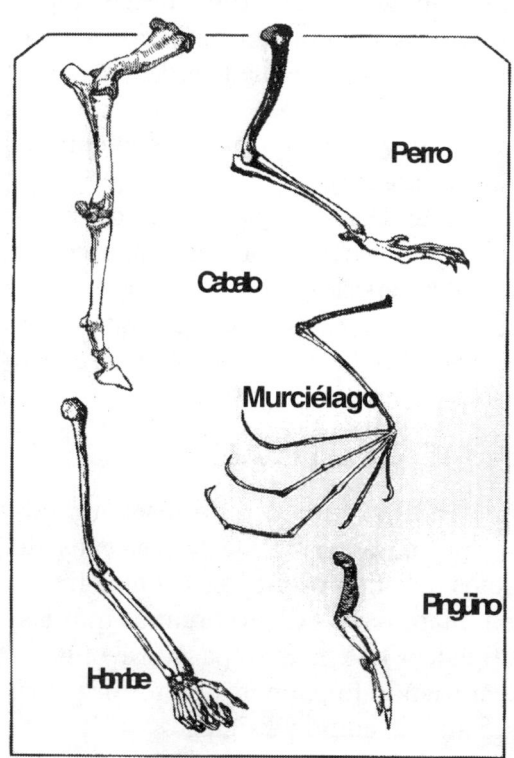

Sin embargo, la realidad es que los evolucionistas tienen aquí algunos

---

* Para una admisión de parte de un destacado evolucionista de que se pueden formar nuevas especies sin información genética novedosa, véase Lewontin, R., *The Genetic Basis of Evolutionary Change* (Columbia University Press), 1974, pág. 186.

** Este principio general suele mantenerse, aunque hay muchas excepciones para proteínas individuales que los evolucionistas encuentran difícil explicar.

problemas muy grandes, porque hay muchos seres en los que las estructuras «homólogas» surgen de partes totalmente diferentes del embrión; de genes no-homólogos; y de segmentos embrionarios diferentes. Esos son unos obstáculos capitales.*

Observemos también que todas las extremidades *posteriores* de todas las criaturas cuyas extremidades anteriores se muestran siguen también la misma pauta ósea. Para ser consecuentes, esta semejanza debería ahora ser interpretada como significando que todas ellas habían evolucionado a partir de criaturas que tuviesen sólo un par de extremidades, que habrían sido las estructuras ancestrales comunes tanto de las anteriores como de las posteriores.

Naturalmente, la mayoría de los evolucionistas diría que eso es algo carente de sentido, y probablemente argumentarían que la misma pauta evolucionó tanto en las extremidades anteriores como en las posteriores porque probablemente hay algunas desconocidas ventajas de bioingeniería. Pero, ¿no sería ésta una buena razón para que fuesen la «decisión del Diseñador» para los miembros en muchos tipos de criaturas diferentes?

El biólogo molecular Michael Denton (que, de pasada, no es creacionista) ha evidenciado que las comparaciones bioquímicas entre las proteínas de diferentes especies, lejos de dar apoyo a la evolución como se cree universalmente, dan una poderosa prueba de la existencia de tipos discretos (o especies), y no proveen evidencia para una descendencia común.

¿SOBRAS EVOLUTIVAS?

Apenas nadie emplea ya el argumento de los «órganos vestigiales», quizá porque en el pasado esta cuestión ha causado muchos apuros. A principios del siglo veinte, los evolucionistas afirmaban confiados que teníamos más de 80 órganos inútiles, reliquias sobrantes («vestigiales») de nuestro pasado evolutivo. Una a una, se fueron descubriendo funciones de estos órganos, hasta que apenas si quedó alguno como vestigial.

Incluso el humilde apéndice parece ahora tener un papel

---

* Véase el artículo de Sir Gavin de Beer en *Oxford Biology Reader*, 1971, «Homology: An Unsolved Problem». El lector hispano puede recurrir al artículo de Willem J. Ouweneel, «La homología: Un rompecabezas para los evolucionistas», en *Biología y Orígenes* (CLIE, Terrassa 1985), págs. 103-116.

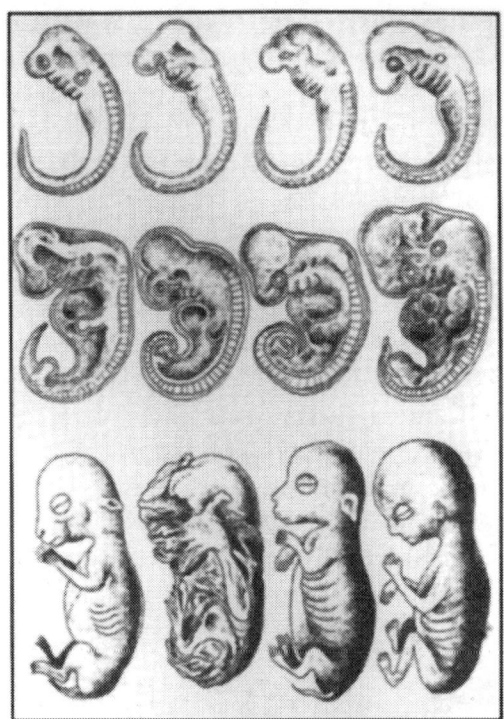

Así como los edificios de oficinas, casas y fábricas parecen similares cuando se echan los cimientos, los embriones de muchos seres vivos son similares al principio, pero cada uno de ellos está ya programado para ser diferente.

Puerco Toro Conejo Hombre

en la lucha contra las infecciones, al menos en las primeras etapas de la vida.*

La creencia de que el embrión humano pasa por sus pretendidas pasadas etapas animales, con agallas, etc., fue totalmente desacreditada hace mucho tiempo, pero no acaba de desaparecer.**

LA HISTORIA DE LOS HOMBRES

En tiempos modernos se ha observado que las poblaciones humanas aumentan de modo constante en más de un 1% anual.

---

* Véase Glover, J.W., «The Human Vermiform Appendix — A General Surgeon's Reflections», *Ex Nihilo Technical Journal*, Vol. 3, 1988, págs. 31–38.

** En una universidad australiana se encontró que la gran mayoría de los estudiantes de medicina de quinto curso creían que se forman agallas en el embrión humano, a pesar de que su libro de texto de embriología de tercer curso dice que no es así. (Véase *Creation Magazine*, Vol. 14, No. 3, 1992, pág. 48.

Para dar lugar a las enfermedades, hambres, guerras y otros fenómenos destructivos, tomemos una cifra mucho más cauta de un aumento anual en un 0,5%. A este ritmo, se precisaría de sólo unos 4.000 a 5.000 años para llegar a la actual población, comenzando con ocho personas en Monte Ararat.

Está bien documentado que las actitudes racistas aumentaron enormemente después de la publicación por Darwin de *El Origen de las Especies*. A fin de cuentas, los evolucionistas creían que las razas habían ido evolucionando por separado durante centenares de miles de años, de modo que lo lógico era que este «progreso» hubiera tenido lugar a diferentes ritmos; de modo que algunas razas no estaban tan distantes de sus antecesores animales como otras.

Sin embargo, la genética moderna muestra que las razas humanas son biológicamente muy cercanas, lo que es coherente con que todos los rasgos raciales estuviesen presentes en una pequeña población ancestral que quedase «dividida» en subgrupos en Babel.*

Muchos, por ejemplo, se sorprenden al saber que la humanidad comparte UN SOLO pigmento principal para su coloración. El matiz que uno tenga de negro, blanco o cobrizo depende de cuánto se tenga de esta sustancia, llamada *melanina*. Por cuanto todos los rasgos creados en la población humana estaban presentes en la familia de Noé (y antes de ello en Adán y Eva), podemos deducir que debían ser probablemente

---

* Para detalles, véase «The Origin of Races» en *The Answers Book* (Materiales Recomendados).

individuos con una coloración cobriza media, con cabello oscuro y ojos marrones.

De pasada, el pretendido «problema» de que la mujer de Caín tuviera que ser una parienta cercana (Génesis 5:4 indica que Adán y Eva tuvieron también hijas), lejos de ser un reto a la verdad de Génesis, en realidad lo fortalece. Por cuanto se precisa de tiempo, varias generaciones, para acumular los defectos causados por mutaciones, defectos que habrían tenido lugar después de un origen libre de toda tacha, la descendencia de Adán no tuvo que temer deformidades en los hijos de matrimonios entre parientes cercanos a lo largo de varios siglos. Incluso Abraham pudo casarse sin temor con su media hermana, y la ley moral contra el incesto no fue promulgada por tanto hasta la época de Moisés, cientos de años después.

Si las razas humanas proceden de la separación de los descendientes de los supervivientes de un cataclismo tan colosal como el Diluvio Universal, ¿no sería lógico esperar reminiscencias de un acontecimiento tan abrumador ampliamente esparcidas en historias y leyendas? De hecho, existen esas historias de un Diluvio entre los Aborígenes de Australia, los Esquimales del Ártico o los Indios de América, y en prácticamente cada tribu y nación de la tierra.

Aunque distorsionados por el tiempo y la transmisión oral, los paralelos con Génesis son a menudo destacables, incluyéndose frecuentemente en los relatos, por ejemplo, el envío de las aves y el sacrificio después del Diluvio. Incluso en ocasiones aparecen el arco iris y el número correcto de personas salvadas: ocho.

OCHO

BAJEL

BOCA

El antiguo ideograma chino para «barco» (que se muestra aquí) es una combinación de los símbolos de un recipiente y ocho bocas (personas).

También hay muchos relatos similares de la confusión de las lenguas en Babel, pero, por ejemplo, no historias del paso del Mar Rojo por Moisés, porque esto sucedió *después* que las naciones se separasen en Babel. Estas historias del Diluvio y Babel no proceden de misioneros.

Existe esta tableta de un relato mesopotámico del Diluvio con muchas semejanzas con Génesis. Los que no están dispuestos a aceptar la Biblia como Palabra de Dios insisten en que esto demuestra que los Hebreos tomaron la historia del Diluvio de la cultura que les rodeaba. Sin embargo, esta evidencia es precisamente la que se debería esperar si el relato de Génesis acerca de Noé es verdadero: las memorias del Diluvio estarían menos corrompidas en aquellas culturas más cercanas (en el espacio y en el tiempo) al Cercano Oriente que en las más alejadas, como en el caso de las leyendas diluviales de los Indios Americanos y de los Aborígenes Australianos.

LAS DATACIONES RADIOMÉTRICAS, ¿NO DEMUESTRAN UNA TIERRA ANTIGUA?

En realidad, hay muchos métodos de datación que dan límites máximos a la edad de la tierra y del universo muy por debajo de lo que demanda la evolución. Algunos de ellos señalan una edad de unos miles de años como mucho. Naturalmente, los evolucionistas, automáticamente, incluso inconscientemente, preferirán aquellos métodos (p.e., mayormente los métodos radiométricos) que permitan el tiempo suficiente para dar una apariencia de plausibilidad a la creencia transformista.

En contra de la creencia popular, las dataciones con carbono radiactivo no tienen nada que ver con millones de años (incluso con el mejor equipo analítico actual, su límite superior es de alrededor de 100.000 años teóricos). Es un método que sólo puede datar cosas que contengan todavía carbono orgánico (lo

Una noria en Cape Leewin, Australia Occidental, incrustada en roca sólida en menos de 65 años. (De un artículo en *Creation Ex Nihilo*, Vol. 16, No. 2, marzo-mayo 1994, pág. 25. Fotografía: Bev Lunt.)

que no es el caso de la mayoría de los huesos fósiles, por ejemplo). Cuando se comprenden el método y todas sus presuposiciones, y se confrontan con los datos del mundo real, resulta en realidad en un poderoso argumento para un mundo reciente .*

Otra creencia popular es que los métodos radiométricos generalmente concuerdan entre sí. Quizá esta creencia haya surgido por un inconsciente proceso de «selección». Como dice el Profesor evolucionista Richard Mauger: «Por lo general, las fechas en "la escala correcta" se suponen correctas y se publican, pero las que están en desacuerdo con otras fechas pocas veces se publican, ni se explican plenamente las discrepancias.»

La datación radiocarbónica de madera *debajo* de lava de una erupción de Rangitoto (una isla volcánica cerca de Auckland, en Nueva Zelanda) indica que la erupción tuvo lugar hace unos 200 años (el nombre se dice que significa «cielo rojo», sugiriendo que los Maoríes, que han estado como mucho unos 1.000 años allí, fueron testigos de este acontecimiento). Sin embargo, la datación de potasio-argón de la lava ha dado edades de ¡hasta medio millón de años! (revista *Creation*, Vol. 13, No. 1, 1991, pág. 15). De pasada, este método se emplea ocasionalmente para «datar» los fósiles mediante los flujos de lava asociados con los mismos.

¿QUÉ HAY DE LOS DINOSAURIOS?

Uno podría preguntarse por qué tantas culturas tienen leyendas acerca de dragones, de grandes bestias reptilianas, con cuernos, escamas, placas de armadura (y algunos de esos dragones volaban), notablemente similares a las reconstrucciones basadas en fósiles de dinosaurios y otros reptiles extintos. Sin embargo, se nos dice que ningún ser humano ha visto jamás un dinosaurio o un dragón. Es cosa cierta que la Biblia menciona dragones (el término Hebreo es *tnn*

---

* Véase *The Answers Book*. El lector hispano tiene a su disposición un excelente artículo sobre las dataciones con carbono radiactivo y sus implicaciones, en «El tiempo, la vida y la historia a la luz de 15.000 dataciones radiocarbónicas», de Robert L. Whitelaw, en *Las dataciones radiométricas — Crítica* [CLIE, Terrassa, 1980], págs. 93–152)

[*tannin*], mientras que la palabra «dinosaurio» no fue inventada hasta el siglo diecinueve).

Si tomamos de entrada la historia bíblica como válida, entonces el concepto de que hombres y dinosaurios hubiesen vivido juntos en el pasado no es difícil. Muchos seres han quedado extintos. Incluso está sucediendo hoy en día. La extinción no es evolución, y no hay evidencia fósil de que los dinosaurios hayan evolucionado a partir de no-dinosaurios.*

¿BIOLOGÍA POR CASUALIDAD?

Consideremos las increíbles improbabilidades envueltas en conseguir ya de entrada poner en movimiento todo el espectáculo evolutivo. La gente habla de ello como si de alguna manera fuese un HECHO observado. Pero el hecho es que nadie tiene realmente ninguna clase de explicación científica de cómo pudieron surgir sin inteligencia externa las complejas moléculas que han de actuar como soporte de la información precisa para la «primera vida» más simple que se pueda concebir. Y hay buenas razones científicas para creer que es imposible que tales estructuras surjan al azar.

* En la Biblia hay incluso la probable descripción de un dinosaurio: *Behemot,* en Job 40. Véase «What Happened to the Dinosaurs?» en *The Answers Book* (Materiales Recomendados).

A menudo se pasa por alto que las propiedades de una célula que la hacen vivir no pueden explicarse refiriéndolas meramente a las propiedades químicas de sus componentes básicos, igual que las propiedades totales de un automóvil no se pueden explicar por las propiedades del caucho, metal, plástico, y demás. La idea o concepto «automóvil» se tuvo que imponer sobre las materias primas desde el «exterior», por así decirlo. Se precisa de materia, energía e INFORMACIÓN, siendo esto último una propiedad inmaterial que es sobrepuesta sobre la materia, pero que no reside en la materia.*

Si todo lo necesario fuese tener los ingredientes correctos, ¿por qué no vemos algún pescado en una lata de sardinas saltar ocasionalmente a la vida? ¿Quizá podría suceder si se añadiese energía? Claro que no. Se precisa de mucho más que de energía y de los ingredientes correctos: se precisa de ordenación, de organización, de INFORMACIÓN. Los seres vivos reciben su información de sus organismos progenitores, pero NUNCA vemos que la información surja de materia prima sin programar.

Es difícil ver lógicamente cómo los mecanismos selectivos de la evolución pueden ser de ninguna utilidad para la teoría

* Las propiedades totales de esta página, que incluyen las ideas que se comunican en la misma, no se pueden reducir a las propiedades de la tinta y del papel, sino que se deben a tinta + papel más INFORMACIÓN, esto es, a la exacta secuencia en que se han dispuesto las letras sobre la página. Puedo transferir la información «el gato se sentó» desde mi mente a un disco de ordenador, y a una pluma con tinta; aunque la información se va transfiriendo de un tipo de materia a otro, no es la materia misma lo que se está transformando.

hasta que no se tenga ya en existencia una maquinaria autorreproductora y programada, como la que caracteriza a la vida. Sin embargo, toda vida conocida depende de polímeros que dan soporte a información. Se trata de moléculas de cadenas largas cuya función depende de la secuencia en la que se disponen sus subunidades, igual que la función de un programa de ordenador depende de la secuencia en la que se han programado las instrucciones.

Esto significa que los evolucionistas tienen que creer que la INFORMACIÓN ha surgido por PURO AZAR. Sir Fred Hoyle, que no es creacionista, dice en su libro *Evolución del Espacio*, que la probabilidad en contra de que UN solo polímero así surja por azar de una «sopa» primitiva es aproximadamente la misma que hay en contra de llenar el sistema solar de hombres ciegos codo a codo, todos ellos moviendo al azar cubos de Rubick iy que todos ellos, por puro azar, resuelvan el cubo al mismo tiempo!

¿POR QUÉ, PUES, HAY TANTAS PERSONAS QUE CREEN TAN DECIDIDAMENTE EN LA EVOLUCIÓN?

Naturalmente, hay muchas razones: presiones sociales y culturales, la carencia de oportunidad para considerar alternativas, la educación académica. . . . Pero la Biblia indica que se debería considerar también otra y más profunda razón. Se refiere a la realidad de que los humanos, desde la rebelión de su primer representante, Adán, tienen una tendencia innata a oponerse al gobierno del Creador sobre sus vidas.

En Romanos, capítulo 1, versículos 18–22, leemos:

«Porque la ira de Dios se revela desde el cielo contra toda impiedad e injusticia de los hombres que detienen con injusticia la verdad; porque lo que de Dios se conoce les es manifiesto, pues Dios se lo manifestó. Porque las cosas invisibles de él, su eterno poder y deidad, se hacen claramente visibles desde la creación del mundo, siendo entendidas por medio de las cosas hechas, de modo que no tienen excusa. Pues habiendo

conocido a Dios, no le glorificaron como a Dios, ni le dieron gracias, sino que se envanecieron en sus razonamientos, y su necio corazón fue entenebrecido. Profesando ser sabios, se hicieron necios.»

LA DECISIÓN

Puedes continuar creyendo en la evolución por fe, o decidir creer en la creación por fe. La creencia en la creación no sólo es científicamente razonable, sino que muestra mucho más sentido común. Échate atrás y contempla este mundo tan increíblemente complejo y con todas sus interrelaciones, por

Ilustración © Films for Christ

no decir nada del prodigioso cerebro humano, y piensa acerca de la creencia de que todo esto vino de la nada, y en último término por azar. ¿No es cierto que una creencia así involucra una fe ciega, en lugar de la fe racional del creacionista?

Si todo fue hecho a propósito, debido a las acciones deliberadas de una gran Inteligencia en acción, entonces la única manera en que podríamos conocer el propósito del universo sería que nos hubiese sido dada una revelación. Y así ha sido. La Biblia es singular, y afirma más de 3.000 veces ser la fiable comunicación del Creador mismo, contándonos acerca de este propósito.

¿Te preocupa o deja perplejo el hecho de la muerte y del sufrimiento en un mundo hecho por Dios? Debido a que Génesis es veraz, podemos saber por qué existen tales cosas, y saber que no forman una parte permanente de la creación para toda la eternidad.* Los feos aspectos de la naturaleza se deben a que (como resultado de la desobediencia de Adán) es una creación arruinada, maldita, que sin embargo muestra todavía restos de su belleza original y de su bondad total.

Las personas que han publicado este librito no están interesadas en que te unas a un grupo particular o denominación eclesial determinada. Lo que desean es que hagas frente a la evidencia de que el mundo fue creado *por* Jesucristo y *para* Sus propósitos (Colosenses 1:16). Desean que seas reconciliado con tu Creador, Dios el Hijo que fue hecho carne, exento de pecado, que padeció y murió, y luego resucitó de entre los muertos.

Él llevó el castigo por tus pecados contra el Santo Dios Padre, cuyas leyes todos hemos quebrantado, para que tengas la oportunidad de arrepentirte y de confiarte a Su infinita misericordia y gracia sobre la base de aquel sacrificio cruento en tu favor. Entonces tendrás no solamente una vida más abundante ahora, sino también una vida eterna con Él en lugar de la condenación eterna (Evangelio de Juan 3:18).

¿Por qué no lees la Biblia ahora mismo? Una buena manera de comenzar es como sigue: Lee los primeros 11 capítulos de Génesis para comprender la verdadera historia del mundo. Luego Éxodo capítulo 20:1–17, la Ley de Dios, seguida por el Evangelio de Juan. Te querríamos animar a tratar esta cuestión con los líderes de una iglesia cristiana bíblica de buen testimonio en tu vecindario.

Si eres ya cristiano, querríamos apremiarte a que comprendas las realidades detrás de esta crucial batalla espiritual entre creación y evolución. Vemos a todo nuestro alrededor los frutos de la creciente aceptación del evolucionismo, y cómo la sociedad va aceptando más y más la filosofía de que «nadie nos hizo, de modo que podemos hacer lo que nos plazca».

El fundamento lógico del cristianismo está siendo atacado como nunca en la historia, y sin embargo nunca ha habido tantas buenas y sólidas respuestas disponibles para que los cristianos defiendan su fe y las puedan emplear para ganar a otros para nuestro Señor y Salvador Jesucristo.

---

* Una sugerencia acerca de por qué Dios permitió que el pecado entrase en la creación: Para que haya la posibilidad de un verdadero amor del hombre a Dios, la humanidad debía ser creada con una voluntad capaz de rechazar este amor (esto es, capaz de pecar).

MATERIALES RECOMENDADOS

Escríbenos para los precios actuales de estos materiales y dónde obtenerlos en el país donde vivas o en el más cercano. Para información acerca de los libros y material en castellano, escribe a:

Coordinadora Creacionista
Apartado 92041
08080 BARCELONA
ESPAÑA
Tel./FAX: (972) 47 07 80
(Internacional +34 72 47 07 80)

También, si sabes inglés, querríamos invitarte cordialmente a que te unas al círculo mundial de lectores de la revista familiar *Creation* (información en la cubierta posterior). No sólo te ayudará con materiales actualizados, una lectura apasionante y material de testimonio, sino que nos será de ayuda para nuestra proyección mundial creacionista/evangelística.

LIBROS

El mundo que pereció. John C. Whitcomb, Jr. Th.D. Una reformulación de las evidencias de la historicidad del diluvio del Génesis y de sus implicaciones geológicas, constituye a la vez una divulgación de la línea argumental de la extensa obra clásica *El Diluvio del Génesis* y una secuela a la misma.

La Mentira: Evolución. Ken Ham. Excelente e importante libro de carácter popular acerca de los aspectos de *relevancia* en la creación. Un libro claro y pedagógico acerca de cómo tratar con esta cuestión, sin demasiada información *técnica*. Ilustrado.

La Tierra Primitiva. J. C. Whitcomb, Jr. Th. D. Un estudio acerca de la naturaleza de la creación bíblica, desglosándose en la creación del universo, de las plantas y de los animales, y la creación del género humano.

Esos dinosaurios misteriosos. Norma A. Whitcomb. Un estudio acerca de los dinosaurios, su vida y su relación con el relato bíblico Sumamente informativo, adecuado para niños y mayores.

MÁS TÉCNICOS

El Diluvio del Génesis. H. M. Morris, Ph. D., y J. C. Whitcomb, Jr., Th. D. Excelente obra de estudio y consulta. Muestra que el debate acerca de los orígenes de la corteza sedimentaria de la tierra y de los depósitos fosilíferos contenidos en ella no debe centrarse en Génesis 1, sino en los capítulos 6-8.

COLECCIÓN CREACIÓN Y CIENCIA

Creación, Evolución y el Registro Fósil. Duane T. Gish, Ph. D., y otros. Con sus discontinuidades sistemáticas y regulares separando los grupos de vida fosilizada del pasado de una manera tajante, el registro fósil suministra una evidencia clara de la creación específica de los diferentes grupos de vida.

Teorías sobre el Origen de la Vida: Crítica. Duane T. Gish, Ph. D. El doctor Gish, investigador durante muchos años en el campo de la bioquímica, expone en esta monografía unas sobrias consideraciones.

Biología y Orígenes. W. Ouweneel y otros. Recopilación de artículos aparecidos en la revista *Creation Research Society Quarterly* y otras fuentes, en los que se considera la relación de varios conceptos biológicos con la controversia acerca de los Orígenes.

Cronometría — Consideraciones Críticas. Varios autores. Como se observará en esta recopilación de artículos, mayormente de la revista *Creation Research Society Quarterly* (CRSQ), aunque también de otras fuentes, son muchos los datos que apuntan a una historia de la tierra y del universo que no están en línea con la escala evolutiva del tiempo.

LIBROS EN INGLÉS

The Revised Quote Book. 130 citas cuidadosamente comprobadas de los mismos evolucionistas, clasificadas temáticamente para fácil acceso. Devastadoras admisiones que dejan al descubierto el mito de la evolución.

The Answers Book. Ken Ham, Andrew Snelling, Carl Wieland. Respuestas detalladas para el hombre de la calle a las 12 preguntas más comúnmente formuladas acerca de Génesis.

What Is Creation Science? Henry Morris, Gary Parker. Un examen semi-técnico de la evidencia de las ciencias físicas y biológicas que sustentan una creación, sin referencias religiosas.

Evolution: A Theory in Crisis. Michael Denton. El autor, doctor en biología molecular, no es cristiano ni creacionista, pero derriba de manera brillante las pretendidas «evidencias» fósiles, moleculares y biológicas empleadas para sustentar la evolución.

Darwin's Enigma: Fossils and Other Problems. Luther Sunderland. Basado en entrevistas grabadas con muchos de los más destacados evolucionistas del mundo, haciendo sinceras y poderosas admisiones acerca de lo exiguo de la evidencia de su posición.

Bones of Contention — A Creationist Assessment of the Human Fossils. Marvin Lubenow. Un cuidadoso y erudito análisis del registro fósil humano, mostrando fuera de toda duda que no sustenta la llamada «evolución humana».

Geology and the Flood. Andrew Snelling. Introducción a la geología diluvial, de carácter popular.

The Genesis Record. Henry Morris. Un comentario científico y devocional de todo el libro de los comienzos.

MÁSTÉCNICOS

The Creation of Life: A Cybernetic Approach. A. E. Wilder-Smith

The Natural Limits to Biological Change. Lane Lester y R. Bohlin.

VÍDEOS

En una cinta, dos producciones de 30 minutos cada una:

El mundo que ya no existe

El misterio del dinosaurio

LOS ORÍGENES

(Una serie de seis vídeos de alta calidad profesional, 30 minutos cada episodio)

Cinta nº 1:

El origen del universo

¿Es la tierra un planeta joven?

Cinta nº 2:

El origen de la vida

El origen de las especies

Cinta nº 3:

El origen de la humanidad

El origen de los restos fósiles

VÍDEOS EN INGLÉS

Mount St Helens: Explosive Evidence for Catastrophe in Earth's History. Reportaje gráfico que muestra cañones, capas rocosas y mucho más formado en cuestión de días.

Evidence for a Young World. Conferencia del físico atómico Russell Humphreys. Es autor también de un excelente libro de carácter popular con las evidencias para un mundo reciente.

What Really Happened to the Dinosaurs? Una brillante conferencia ilustrada para espectadores de casi todas las edades, por Ken Ham.

Living Fossils: Confirmation of Creation. Visualmente espectacular — un examen con comentarios expertos de muchos de la gran cantidad de seres que han permanecido sin cambios después de pretendidos millones de años de evolución.

Información de suscripción para la revista EN INGLÉS **Creation** *(véase cubierta posterior)*

AUSTRALIA

Answers in Genesis (Australia)
P.O. Box 6302
Acacia Ridge D.C., Qld 4110, Australia
Teléfono: (07) 3273 7650
(Internacional +617 3273 7650)
Fax: (07) 3273 7672
(Internacional +617 3273 7672)
Suscripción: $A22 (cuatro números)

NUEVA ZELANDA

Answers in Genesis (NZ)
P.O. Box 39005, Howick
Auckland — Nueva Zelanda
Teléfono (09) 537 4818
Fax: (09) 537 4818
Suscripción: NZ'32 (cuatro números)

ESTADOS UNIDOS

Answers in Genesis (USA)
P.O. Box 6330
Florence, Kentucky 41022
USA
Teléfono: (606) 727-2222
(gratuito solamento US) 1-800-778-3390
Suscripción: US$22 (cuatro números)
Para hablar con un representante en Español, pregunte por Gloria.

CANADÁ

Answers in Genesis (Canadá)
5-420 Erb St. West Suite 213
Waterloo, Ontario
Canada N2L 6K6
Teléfono 1-888-251-5360
Suscripción: C$29.95 (cuatro nùmeros)

REINO UNIDO y EUROPA

Answers in Genesis (UK)
P.O. Box 5262
Leicester
LE2 3XU
United Kingdom
(0116) 2708400
Fax: (0116) 2700110
Suscripción: £12,95 (cuatro números)

OTROS PAÍSES

Answers in Genesis (Australia)
P.O. Box 6302
Acacia Ridge, D.C., Qld., 4110, Australia
Teléfono: (07) 3273 7650
(Internacional +617 3273 7650)
Fax: (07) 3273 7672
(Internacional +617 3273 7672)
Suscripción: $A29 (cuatro números)
Por favor, enviar el pago en dólares australianos.